W9-BQV-371

Clasificación animal

Reptiles

por Erica Donner

Bullfrog

Ideas para padres y maestros

Bullfrog Books permite a los niños practicar la lectura de texto informacional desde el nivel principiante. Repeticiones, palabras conocidas y descripciones en las imágenes ayudan a los lectores principiantes.

Antes de leer

- Hablen acerca de las fotografías. ¿Qué representan para ellos?

- Consulten juntos el glosario de fotografías. Lean las palabras y hablen de ellas.

Durante la lectura

- Hojeen a través del libro y observen las fotografías. Deje que el niño haga preguntas. Muestre las descripciones en las imágenes.

- Lea el libro al niño, o deje que él o ella lo lea independientemente.

Después de leer

- Anime a que el niño piense más. Pregúntele: ¿Ya conocías algunos de estos reptiles?

Bullfrog Books are published by Jump!
5357 Penn Avenue South
Minneapolis, MN 55419
www.jumplibrary.com

Library of Congress Cataloging-in-Publication Data

Names: Donner, Erica, author.
Title: Reptiles / por Erica Donner.
Other titles: Reptiles. Spanish
Description: Minneapolis, MN: Jump!, Inc., [2017]
Series: Clasificación animal
"Bullfrog Books are published by Jump!"
Audience: Ages 5-8. | Audience: K to grade 3.
Includes bibliographical references and index.
Description based on print version record and CIP data provided by publisher; resource not viewed.
Identifiers: LCCN 2016045919 (print)
LCCN 2016044783 (ebook)
ISBN 9781624965319 (e-book)
ISBN 9781620316412 (hard cover: alk. paper)
ISBN 9781620316474 (pbk.)
Subjects: LCSH: Reptiles—Juvenile literature.
Classification: LCC QL644.2 (print)
LCC QL644.2 .F7418 2017 (ebook) | DDC 597.9—dc23
LC record available at https://lccn.loc.gov/2016045919

Editor: Kirsten Chang
Book Designer: Molly Ballanger
Photo Researcher: Kirsten Chang
Translator: RAM Translations

Photo Credits: All photos by Shutterstock except: Nature Picture Library, 14–15, 23tl; Superstock, 8–9, 20–21, 23br; Thinkstock, 5, 6, 23bl.

Printed in the United States of America at Corporate Graphics in North Mankato, Minnesota.

Tabla de contenido

¡Mira! ¿Qué es eso?

Es un cocodrilo.

Un cocodrilo es un tipo de reptil.

¿Qué más es un reptil?
Una serpiente. Un lagarto.

serpiente

lagarto

tortuga

Una tortuga.
¿Qué tienen
en común?

Son de sangre fría.

¡Mira! Una iguana tomando el sol.

Necesita el sol para mantenerse caliente.

Tienen escamas.

Las escamas son placas duras.

Cubren la piel.

escama

huevos

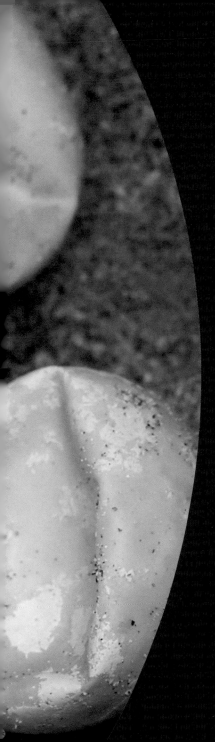

La mayoría pone huevos.
Algunas cáscaras
son duras.

Otras son blandas.

¡Mira! Están eclosionando.

¡Tortugas!

Los lagartos tienen cuatro patas.

Pueden correr.

Pueden saltar.

Pueden escalar.

Las serpientes
no tienen patas.

¡Aún así se
mueven rápido!

También
pueden escalar.

¡Los reptiles
son geniales!

¿Qué le hace ser un reptil?

columna vertebral
Todos los reptiles tienen columna vertebral.

escamas
Las escamas de los reptiles están hechas a base de keratina, la cual es la misma materia de tus uñas.

pulmones
Los reptiles utilizan sus pulmones para respirar aire.

patas
La mayoría de los reptiles se mueven usando cuatro patas, pero las serpientes se mueven utilizando su columna vertebral y sus escamas.

huevos
La mayoría de los reptiles ponen huevos, pero algunas serpientes dan a luz a sus crías.

Glosario con fotografías

eclosionar
Nacer al salir
de un huevo.

sangre fría
Tener una
tempertura
corporal que
cambia de acuerdo
con el ambiente.

reptil
Animal de
sangre fría que
tiene pulmones
y escamas.

tomar el sol
Pasar tiempo
bajo el sol.

Índice

Para aprender más

Aprender más es tan fácil como 1, 2, 3.

1) Visite www.factsurfer.com

2) Escriba "reptiles" en la caja de búsqueda.

3) Haga clic en el botón "Surf" para obtener una lista de sitios web.

Con factsurfer.com, más información está a solo un clic de distancia.